Sube de nivel en los videojuegos

LORI DITTMER

Bolt es una publicación de Black Rabbit Books
P.O. Box 227, Mankato, Minnesota, 56002.
www.blackrabbitbooks.com

BOLT

Alissa Thiegles, editora; Rhea Magaro, diseñadora de los interiores e investigación fotográfica

Información del catálogo de publicaciones de la Biblioteca del Congreso
LCCN 2025018426.
ISBN 978-1-64582-715-3 (library binding)
ISBN 978-1-64582-723-8 (ebook)

Impreso en China

Image Credits

Dreamstime/Yuriy Nedopekin, 25; Nintendo, cover, 1, 3, 4-5, 6, 7, 9, 10, 11, 12, 13, 14, 15, 16, 17, 18-19, 20, 21, 22, 23, 24, 26, 27, 28, 29, 31, 32; Shutterstock/NextMarsMedia, 23, Vina amelia, cover.

CONTENIDO

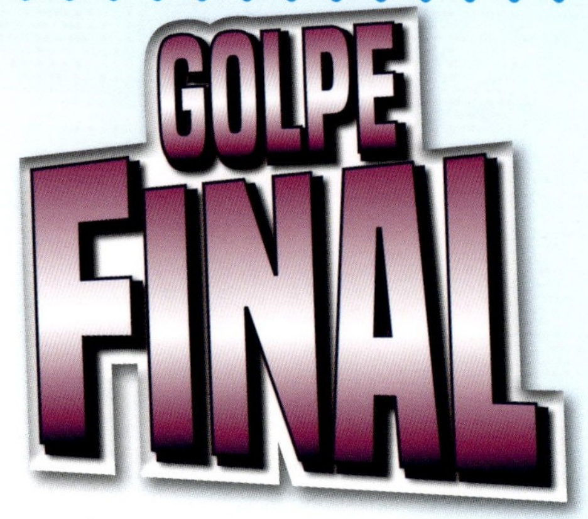

Una batalla de *Super Smash Bros.* está por terminar. Kirby flota por el escenario. Mario salta y tira golpes. ¡Lanza una bola de fuego! Kirby la esquiva. Entonces Kirby inhala. Le aparece un sombrero rojo en la cabeza. ¡Acaba de copiar el movimiento de Mario! Ahora le lanza una bola de fuego a Mario. Mario sale volando del escenario. ¡Kirby gana!

Kirby y Mario fueron dos de los primeros personajes en *Super Smash Bros*.

1999 Super Smash Bros.

2001 Super Smash Bros. Melee

2008 Super Smash Bros. Brawl

2014 Super Smash Bros. Nintendo 3DS y WiiU

2018 Super Smash Bros. Ultimate

Los comienzos de Smash

Super Smash Bros. es un juego de **lucha de plataformas**. Los luchadores intentan sacar a sus oponentes de un escenario. El último que queda en el escenario gana. Los jugadores eligen a sus luchadores. Son personajes populares de otros juegos. Mario puede pelear contra Pikachu. Donkey Kong puede enfrentarse a Yoshi. ¡Hay muchas opciones!

PRIMEROS PASOS

Los luchadores pelean en un escenario. Cada escenario parece una escena de un juego de algún personaje. Los primeros juegos tenían solo unos pocos escenarios. ¡Ahora hay más de 100!

Cada escenario tiene **obstáculos**. Hay lanzadores que arrojan a los luchadores por el aire. Una cámara en movimiento podría derribar a un luchador. Los jefes de escenario son enemigos poderosos. Aparecen para agregar más desafíos.

OBSTÁCULOS DEL ESCENARIO

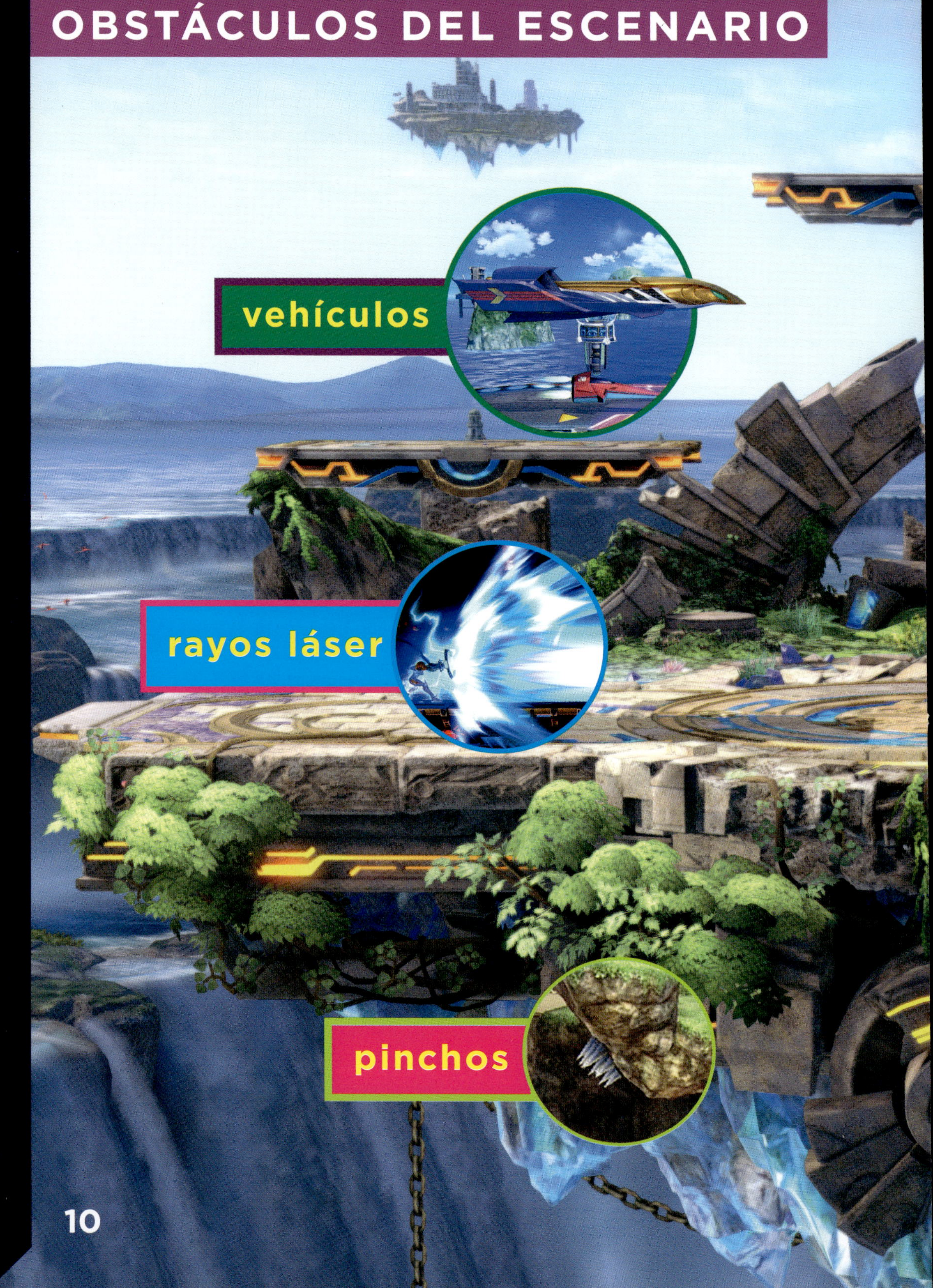

plataformas
móviles
explosiones
ácido
lava

Elegir un luchador

Primero, elige un luchador. Hay más de 80 para elegir. Pero cada juego comienza con unos pocos. Los jugadores deben superar el **modo** clásico con cada luchador inicial. Así pueden desbloquear más personajes. Por ejemplo, si terminan con Mario, pueden desbloquear a Sonic.

Sonic es el luchador más rápido del juego.

LUCHADORES INICIALES

***Super Smash Bros. Ultimate* tiene ocho luchadores iniciales.**

FOX

SAMUS

LINK

PIKACHU

DONKEY KONG

KIRBY

MARIO

Los jefes de
escenario tienen
medidores
de energía.
Son enemigos
poderosos.

Recibir daño

Cada jugador tiene un medidor de **daño**. Muestra cuánto se ha lastimado un luchador. Este medidor comienza en cero. Aumenta a medida que los luchadores sufren heridas. El daño los debilita. Los jugadores más débiles salen volando más lejos cuando los golpean. Tienen más probabilidad de caer fuera del escenario. Entonces se acaba la partida.

SUBIR DE NIVEL

Todos los luchadores pueden correr, saltar y dar puñetazos. Cada movimiento tiene un tiempo de recuperación. Después de hacer un movimiento, el luchador debe esperar antes de volver a atacar. Esto lo deja vulnerable a un ataque. Los jugadores con experiencia aprenden los movimientos de cada luchador. Suben de nivel creando **combos**. Estos hacen que los ataques sean más fuertes.

Cada luchador también tiene
un movimiento especial. El de
Pikachu es el Thunder Jolt.

Shadow

ralentiza a los luchadores

Ashley

crea una zona de oscuridad

Knuckles

gira y golpea a los luchadores

Tomar objetos

Los objetos aparecen en el escenario. Pueden ayudarte a ganar. Algunos objetos curan. Otros te dan poderes especiales. Rompe una bola Smash para obtener un ataque poderoso. Lanza una cáscara de banana para hacer resbalar a otro luchador. Las Poké Balls tienen Pokémon adentro. Un trofeo de asistencia introduce otro personaje en la pelea. Te ayudará en la batalla.

DOMINAR EL SMASH

Los mejores jugadores planean su estrategia. Piensan con anticipación. Adivinan dónde va a caer un enemigo. Luego apuntan su ataque a ese lugar.

Una batalla dura solo unos minutos. Pero completar la historia puede llevar horas. Los jugadores luchan contra varios personajes. Luego tienen que vencer a los jefes para terminar el juego.

Mano Maestra aparece como jefe en muchos juegos.

Esport profesional

Super Smash Bros. también es un **esport**. Supernova es uno de los eventos más importantes. Se realiza durante cuatro días cada año. Los profesionales muestran sus habilidades. Otro evento importante es GENESIS. Incluye **torneos** de muchos juegos. En 2024, GENESIS organizó eventos para *Melee* y *Ultimate*.

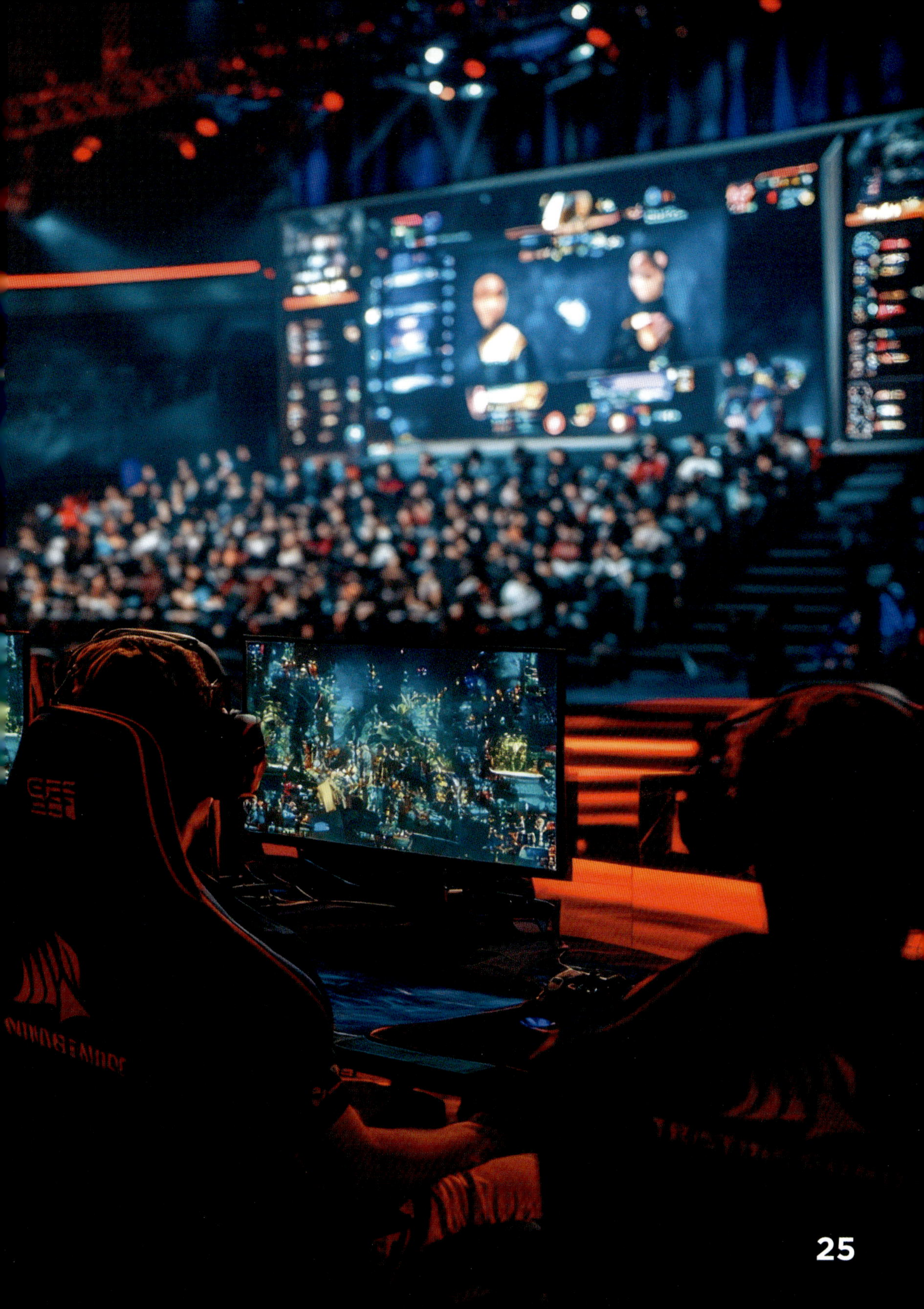

Mew2King
(Jason Zimmerman)
A menudo considerado el mejor smasher de todos los tiempos (GOAT).

MkLeo
(Leonardo Pérez)
Ganó aproximadamente USD 300 000 como jugador profesional. Jugador GOAT del juego *Ultimate*.

"King of Smash"

(Ken Hoang)

Jugador destacado de principios de los 2000.

Sparg0

(Edgar Valdez)

Jugador n.° 1 en el juego *Ultimate* actualmente.

Wizzrobe

(Justin Hallett)

Jugador destacado en los juegos *Melee* y *Ultimate*.

Un emocionante crossover

Super Smash Bros. es un juego de lucha como ningún otro. Cada nuevo título suma más nombres y objetos conocidos. Los escenarios son cada vez mejores. Los jugadores pueden divertirse. O pueden estudiar el juego. Pueden aprender cada movimiento. Hacen combos. Los mejores luchadores son los últimos en quedar en pie.

combo: combinación de diferentes cosas

daño: lesión física causada al cuerpo de algo o de alguien

esport: videojuego competitivo

lucha de plataformas: tipo de juego de lucha en el que los personajes pueden moverse libremente en un espacio 2D

modo: conjunto de reglas dentro de un juego que definen cómo se juega

obstáculo: algo que hace que jugar un juego sea más difícil

torneo: una serie de partidas entre varios equipos que termina con un ganador

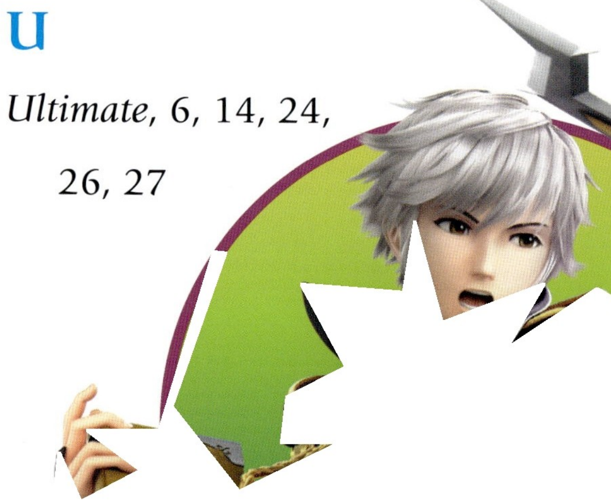

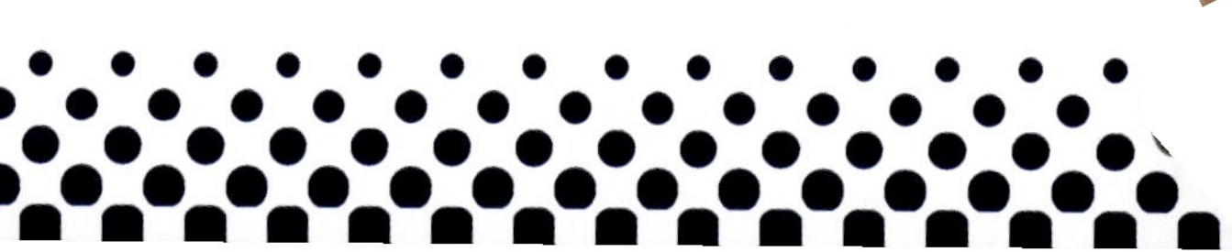